निर्वाण

निर्वाण

लेखक

तय्युल्लतिल राजन

अनुवाद

डॉ. हेना

वाणी प्रकाशन

प्रकाशन के उत्कृष्टतम 62 वर्ष

पहला संस्करण : 2025

vaniprakashan.com

वाणी प्रकाशन

4695, 21-ए, दरियागंज, नयी दिल्ली-110 002

फ़ोन : + 91 11 23273167, 23275710

शाखाएँ

अशोक राजपथ, पटना-800 004, बिहार

कॉफ़ी हाउस कैम्पस, महात्मा गांधी मार्ग, प्रयागराज-211 001, उत्तर प्रदेश

महात्मा गांधी अन्तरराष्ट्रीय हिन्दी विश्वविद्यालय, वर्धा-442 001, महाराष्ट्र

sales@vaniprakashan.in
vaniprakashan@gmail.com

Nirvana
by Thayyullathil Rajan
Translated by Dr. Hena

ISBN : 978-93-7348-893-6
Play

मूल्य : ₹ 55

आर. टेक ऑफ़सेट, दिल्ली-110 032 में मुद्रित

वाणी प्रकाशन का लोगो मक़बूल फ़िदा हुसैन की कूची से

समर्पण

वी. के. विजयन

बुद्ध के रास्ते पर एक नाटक

प्राचीन काल से मलयालम की नाटक विधा बहुत समृद्ध रही है। शुरू में संस्कृत के नाटकों का अनुवाद हुआ था। पाश्चात्य सम्पर्क में आने के बाद उधर के नाटकों से भी इधर के पाठकों का सम्पर्क हुआ था। आधुनिक काल में कई प्रतिभाशाली नाटककार आये। सामाजिक, सांस्कृतिक, ऐतिहासिक, राजनीतिक चेतना बढ़ाने में नाटकों की बड़ी भूमिका रही।

एम.आर.बी : कैनिक्करा पद्मनाभ पिल्लै, टी.एन. गोपीनाथन नायर, सी.जे. थामस, तिक्कोटियन, के.टी.मुहम्मद, इटश्शेरी गोविंदन नायर, सी.एन. श्रीकंडन नायर, तोप्पिल भासी आदि महारथियों के नाम इधर उल्लेखनीय हैं। बाद में वी.टी. भट्टतिरिपाद, के.जी. शंकर पिल्लै, एन.एस. पिल्लै, वयला वासुदेवन पिल्लै, एन. कृष्णपिल्लै, सी.एल. जोस, एस.एल. पुरम सदानन्दन आदि के नाटक भी मलयालम को मिले।

1960-70 के दशक में नाटक की विधा में कई नये परीक्षण हुए। कॉलेज, स्कूल के वार्षिकोत्सव में नाटक प्रतियोगिताएँ आयोजित होती हैं। ग्रन्थालयों की वर्षगाँठ में भी नाटक मंचन को बहुत महत्त्व मिला। आकाशवाणी ने भी नाटकों को बहुत प्रोत्साहन दिया। फिर इलेक्ट्रॉनिक मीड़िया का युग आया। कई चैनल शुरू हो गये। धारावाहिक कार्यक्रम बढ़ते गये। तब नाटक विधा लगभग दब-सी गयी। सीरियल में अभिनेता तथा अभिनेता के रूप में भूमिका मिलने के लिए कलाकार अधिक दिलचस्पी लेने लगे। लेकिन आज भी कुछ प्रतिभाशाली नाटककार हमारे समाज में हैं। वे नाटक को प्रतिभाशाली बनाने के लिए समर्पित चेतना से अग्रसर होते हैं, उनके प्रयास स्तुत्य हैं।

'निर्वाण' मलयालम का अनोखा नाटक है। बुद्ध पर आधारित साहित्य के एक प्रकरण को इधर नाट्याभिव्यक्ति मिली। बीमारी, बुढ़ापा और मृत्यु के समाचार हम रोज़ पढ़ते हैं, देखते हैं। कुछ दिनों तक याद करते हैं। फिर सबको सर्वसामान्य बात मानकर भूल जाते हैं। लेकिन कुछ मनीषी इनके बुनियादी कारणों पर सोचते रहते हैं। गौतम के मानस को ये घटनाएँ मसोसती हैं। साधारण बातों में कुछ असाधारण तत्त्व तलाशने के लिए गौतम ने कोशिश की थी।

वास्तविकता को गौतम गौण नहीं मानते थे। जीवन-सत्य ही सबसे बड़ी वस्तु है, जिसकी खोज में गौतम निकले थे। इस इतिवृत्त को ही कथानक का आधार बनाया गया है। इतिहास के किसी विस्मृत कोने में पड़े व्यक्तियों और घटनाओं को वर्तमानकालीन साहित्य का कच्चा माल बनना मेहनत का काम है। मिट्टी पुरानी होने पर दृष्टि नयी रखना ऐसी कृतियों के लिए अनिवार्य है।

श्री. तय्युल्लतिल राजन का नाटक 'निर्वाण' इन ख़ूबियों को समेटता है। इधर इतिहास पुराना है। लेकिन प्रतिपाद्य और प्रतिपादन में मौलिकता भरी पड़ी है। स्थूल बातों को गौण मानकर वे अपनी संवेदना के बलबूते सूक्ष्मता की ओर अग्रसर होते हैं। इसका गात्र इतिहास का है। लेकिन परमार्थ वर्तमान से जुड़ता है। नाटक का सन्देश भविष्योन्मुखी है।

रोगी और बूढ़े के सन्देह निवारण सन्तोषजनक ढंग से गौतम तत्काल नहीं कर सकते हैं। लेकिन वे सन्देह बीज के रूप में अन्तर्मन में पड़े रहते हैं। गौतम को वे सन्देह विचारवान बनाते हैं। राजधर्म और प्रजाधर्म के बारे में गौतम सोचते हैं। गुरु और गौतम के बीच का संवाद बहुआयामी है। अतीत से सम्पर्क रखकर कथोपकथन के सहारे नाटक का विकास होता है। कहीं रोक-टोक नहीं है। कम शब्द और ज्यादा प्रभाव संवाद के लिए आवश्यक गुण है।

तीसरे अंक में चारुदत्त के घर में राजकुमार देवदत्त मेहमान के रूप में आता है। 'अतिथि देवो भवा' के ढंग में स्वागत-सत्कार होता है। चारुदत्त और पत्नी सूर्यकला बहुत प्रसन्न होते हैं। देवदत्त के मन में कामभावना प्रज्वलित होती है। सूर्यकला के प्रति राजकुमार कामलोलुप होकर व्यवहार करता है। तब सर्वांग परित्यागी गुरु को ग़ुस्सा आता है। वे चारुदत्त के कपोल पर तमाचा

मारते हैं। अत्याचार को देखकर सन्नाटा बुनना ग़लत है। नारी उत्पीड़न की घटना देखकर निष्क्रिय होना बड़ाअपराध है। प्रतिक्रियाविहीन हो अनीति और आक्रमण के विरुद्ध स्वर उठाये बिना निष्क्रिय बने रहने की अवस्था ही समाज की वृद्धावस्था है।

चौथे अंक में कृषक समस्याओं को उजागर किया गया है, इसमें संघमित्र, वसन्तसेन भी आते हैं। वे कृषकों के प्रतिनिधि हैं। किसानों की मुसीबतों की चर्चा इस प्रसंग में आयी है। नदी का पानी किसानों को देने के लिए राजा तैयार नहीं हुए। बाँध बनाकर सिर्फ़ अपने लोगों को देना उनकी प्राथमिकता है। वर्षाकाल आने तक इन्तज़ार करें यही सुझाव राजा कृषकों को देते हैं। पानी की राजनीति आज बढ़ती जा रही है। किसान कमर कसकर मेहनत करते हैं, तब अच्छी फसल मिलती है। अनाज बटोरकर राजा भण्डार को भरते हैं। आम जनता के हित का ख़याल नहीं करते हैं। इसके ख़िलाफ़ कृषक आवाज़ उठाते हैं। भ्रष्टाचार और काला बाज़ार के विधि-विधान आज बदल गये हैं। वसन्तसेन की बात विचारणीय है–"देश की समृद्धि का आधार, भूमि में काम करने वाले लोग हैं; उनके परिश्रम से खेतों में फसल उगती है। अत; हमें भी शासन में अधिकार प्राप्त होना चाहिए।" वसन्तसेन एक क्रान्तिकारी के रूप में आता है। नयी समत्वपूर्ण दुनिया के सृजन उनकी चर्चा का विषय है। इस प्रसंग ने नाटक को जीवन्त बनाया है। रंगमंच पर इस नाटक की प्रस्तुति सफल हुई है।

गौतम से गुरु एक प्रसंग में कहते हैं–"गौतम तुम अभी तक अपने को पूर्ण रूप से जान नहीं पाये हो। तुम एक नये युग का नाँदी पाठ करने वाले हो। आँखें खुली रखो और हृदय के द्वार को खोल दो।" गुरु के उद्‌बोधन को शिष्य ने अपने जीवन में आत्मसात किया। गौतम और वसन्तसेन के माध्यम से एक नये युग के आरम्भ की सम्भावना को भी व्यक्त किया है।

हिन्दी भाषा पर ज़बरदस्त अधिकार रखने वाली डॉ. हेना ने इस नाटक का परिचय हिन्दी पाठकों को दिया है। केरल की मशहूर गवर्मेंट ब्रण्णन कॉलेज में वे हिन्दी विभाग की अध्यक्षा थीं। फिर प्रिंसिपल के रूप में पदोन्नति हुई। हिन्दी प्रदेश में शिक्षा प्राप्त करने के कारण भाषा में प्रवाह है। नाटक में कुछ

सार्वयुगीन सत्यों का प्रतिपादन हुआ। उनका अनुवाद सुगम और सुचारु बन गया है। अनुवाद में अवरोध नहीं आया है। मूल और अनुवाद एक साथ पढ़ते समय बड़ा आनन्द मिला। हिन्दी पाठकों तक एक नाटक पहुँच रहा है। इसी प्रकार के प्रयास होते रहे तो दूसरी भाषाओं की संस्कृति और भाषाई विशिष्टता को जानने-समझने का अवसर मिलेगा और हमारे देश की भावात्मक एकता मज़बूत हो जायेगी। आदान-प्रदान सांस्कृतिक समन्वय के लिए अनिवार्य है। डॉ. हेना ने एक बत्ती जलायी है। उसकी रोशनी अब हिन्दी जगत में फैल रही है।

नाटककार, अनुवादक और प्रकाशक बधाई के पात्र हैं।

– डॉ. आरसु

पूर्व आचार्य और अध्यक्ष–हिन्दी विभाग

कालिकट विश्वविद्यालय

12-06-2025

अनुवादक की ओर से

तय्युल्लतिल राजन जी का 'निर्वाण' नाटक मुझ तक मेरे पति के मित्र के.पी. सुनिल कुमार जी के माध्यम से पहुँचा। वे छह भाषाओं में इस नाटक के अनुवादों का एक संग्रह प्रकाशित कर रहे थे। नाटक के प्रारम्भ को पढ़ते हुए लगा कि यह ऐतिहासिक नाटक की श्रेणी में आने वाला नाटक है। किन्तु जैसे-जैसे आगे पढ़ना हुआ बहुत सारे वातायन खुलते हुए नज़र आये। आज का भारत देश, यहाँ की समस्याएँ, राजनीति और व्यवस्था में फैला भ्रष्टाचार, रिश्वतखोरी, साथ ही भयानक रूप से फैलता सांस्कृतिक और नैतिक मूल्यों का पतन, सभी इस नाटक में अभिव्यक्त हो रहे हैं। रोग, वृद्धावस्था और मृत्यु के रूप में समाज की वास्तविकता को अत्यन्त प्रभावी ढंग से उजागर किया गया है। नाटक की एक और विशेषता यह थी कि इसकी भाषा अत्यन्त सरल थी, संवाद छोटे और पात्रानुकूल थे। शायद इसलिए अनुवाद कार्य भी आसान रहा। अनूदित नाटक 'निर्वाण' को पुस्तक रूप प्रदान करने में विभिन्न व्यक्तियों और संस्थाओं का सहयोग मुझे प्राप्त हुआ है। मैं नाटककर तय्युल्लतिल राजन जी, के. पी. सुनिल कुमार और वाणी प्रकाशन की हृदय से आभारी हूँ।

– डॉ. हेना

प्रोफेसर, प्रिंसिपल (सेवानिवृत्त)

के.बी.एस. गवर्नमेंट कॉलेज तलश्शेरी, चोक्ली

अंक एक

एक जंगल। वेश बदलकर राजकुमार गौतम किसी के इन्तज़ार में चहल-क़दमी कर रहे हैं। कुछ समय के बाद जैसे कुछ निश्चय कर लिया हो, चलने लगते हैं। दूर से एक पुरुष स्वर–ए...गौतम। एक क्षण ठहरता है, फिर शायद उसे नहीं पुकारा होगा, यह सोचकर चलने लगता है। पुनः थोड़ी और ज़ोर से स्वर सुनाई पड़ता है। गौतम रुक जाता है। उस ओर देखता है, जहाँ से स्वर सुनाई पड़ा। वहाँ कोई नहीं है। चलना आरम्भ करते ही फिर स्वर सुनाई पड़ता है।

स्वर : तुम ही।

गौतम : कौन?

स्वर : पास आओ, तब जान पाओगे।

गौतम : मैं नहीं जानना चाहता।

स्वर : जानना होगा। तुम सब कुछ जानने वाले हो।

(गौतम क्षण भर रुककर सोचता है)

गौतम : यदि मुझसे मिलना है, तो मेरे पास आओ।

स्वर : ठीक है, मैं आता हूँ।

(कुछ समय पश्चात् गुरु आगे चलकर आते हैं। अलौकिक, तेजस्वी मुखमण्डल। दाढ़ी और बाल बढ़े हुए हैं। एक संन्यासी का रूप)

गौतम : आप कौन हैं?

गुरु : क्या मैंने बाधा पहुँचाई?

गौतम : आप कौन हैं?

गुरु : तुम्हारे विचार तुम्हें अधर्म की ओर ले जा रहे हैं।

गौतम : आप कौन हैं?

गुरु : तुम मुझे नहीं जानते, मैं तुम्हें जानता हूँ।

गौतम : तो फिर बतलाइए, मैं कौन हूँ?

गुरु : तुम क्षत्रिय हो।

गौतम : सही। जाति की दृष्टि से मैं क्षत्रिय हूँ।

गुरु : तुम राजकुमार हो।

गौतम : राजकुमार राजसी वस्त्र पहनता है।

गुरु : वह तो तुमने सुविधा के लिए उतार दिये हैं। अधर्म करने की तैयारी में धर्म के प्रतीक मुकुट को यदि कुछ देर तुम नहीं पहनते हो तो इसमें कोई आश्चर्य नहीं। सभी राजकुमारों की तरह तुमने भी सावधानी बरती है।

गौतम : आप ग़लत हैं। मैं न राजकुमार हूँ, न कोई अधर्म करने की तैयारी में हूँ।

गुरु : *(ज़ोर से)* गौतम! *(गौतम चौंका, भयभीत हो गुरु का चेहरा देखता है। गुरु के मुख पर मन्द मुस्कान। गौतम की आँखों में क्रोध के अंगार)*

गौतम : तो आपने मुझे पहचान लिया।

गुरु : और तुम्हारे मन की बात भी जान ली। तुम अभी अपनी छुपाई हुई तलवार से मेरा सिर धड़ से अलग करने की सोच रहे हो।

(गौतम की आँख के अंगारे बुझ गये और भय का साया फैलने लगा)

गौतम : आप कौन हैं?

गुरु : पहले बताओ तुम कौन हो?

गौतम : आप तो सर्वज्ञ हैं।

गुरु : ईश्वर भी सब कुछ नहीं जानता। बताओ तुम कौन हो?

गौतम : मैं कपिलवस्तु का युवराज हूँ।

गुरु : शुद्धोधन और मायादेवी का पुत्र?

गौतम : जी हाँ, सिद्धार्थ गौतम।

गुरु : तुम्हारी यात्रा का उद्देश्य?

गौतम : मैं अपने राज्य की स्थितियों को जानने के लिए वेश बदलकर निकला हूँ।

गुरु : *(सन्देह भरी नज़रों से)* जंगल में घूमने से राज्य की स्थिति कैसे जान पाओगे?

गौतम : मैं...

गुरु : युवराज झूठ न बोलें।

गौतम : आप मुझे क्षमा करें। पाप करने के लिए ही जंगल आया हूँ।

गुरु : वह नहीं आयी; न *(गौतम चौंक गया)*। पति को तुम्हारे महल की रखवाली के काम पर भेजकर ही तो वह आ सकती है।

गौतम : मैं लज्जित हूँ।

गुरु : तुम ही भविष्य के राजा हो। प्रजा तुम्हारी ही सम्पत्ति है। फिर इसमें लज्जा कैसी?

गौतम : मैं अपराधी हूँ।

गुरु : यह तो राजाओं की भाषा नहीं है। पश्चाताप यदि सच्चा है तो वही तुम्हारे पाप का नाश करेगा।

गौतम : आशीर्वाद दें।

गुरु : तुम्हें आशीर्वाद देने वाला मैं कौन?

गौतम : मैंने सभी शास्त्रों का विधिवत अध्ययन किया है, किन्तु युवराज बनते ही मैं अपना कर्तव्य भूल गया। आपके

सानिध्य में प्रण लेता हूँ मैं अब अधर्म के मार्ग पर नहीं चलूँगा। सत्य!

गुरु : नियति ने जिस धर्म का उत्तरदायित्व तुम्हें सौंपा है उसे पूरा करने में तुम्हें सफलता मिले।
(जाने लगते हैं)

गौतम : मेरी एक प्रार्थना है। *(पीछे-पीछे जाता है)*

गुरु : बोलो *(रुक जाते हैं)*

गौतम : आप मेरे कुलगुरु का स्थान ग्रहण कीजिए।

गुरु : नहीं राजन्! कपिलवस्तु का कुलगुरु बनने की योग्यता मुझमें नहीं है।

गौतम : मैंने आपको अपना कुलगुरु स्वीकार कर लिया है। इस शिष्य की अभिलाषा पूर्ण कीजिए।

गुरु : तुम्हारी प्रार्थना अस्वीकार करने वाला मैं कौन होता हूँ! युवराज की इच्छा पूरी हो।
(गौतम गुरु के चरणों में प्रणाम करता है। गुरु का आशीर्वाद ग्रहण कर उठने वाला नया गौतम था)

गौतम : गुरु! प्रजा की भलाई चाहने वाला राजा बनने का प्रयास मैं करूँगा। इसके लिए मुझे क्या करना होगा?

गुरु : धर्मशास्त्रों में जैसा बताया गया है। प्रजा की स्थिति को स्वयं जाकर जानना होगा।

गौतम : तब हमें चलना चाहिए।

गुरु : अभी?

गौतम : जी हाँ? अभी ही।

गुरु : ठीक है चलता हूँ। बिना राजकीय सवारी और ठाठ के हम चलते हैं।

गौतम : पहले किस ओर दाहिने या बायें।

गुरु : दोनों नहीं। हम पूर्व की ओर चलेंगे।
(गुरु आगे चलते हैं और गौतम पीछे चलने लगता है।

बहुत दूर चलने पर गौतम थक जाता है। माथे का पसीना पोंछकर एक स्थान पर रुक जाता है)

थक गये क्या?

गौतम : नहीं चलते हैं।

(वे फिर चलने लगते हैं। कुछ समय बाद अँधेरा घिरने लगता है)

गुरु : हमें थोड़ा विश्राम कर लेना चाहिए।

(गौतम निश्चिन्त होकर एक ओर बैठ जाता है। अन्धकार घना हो गया। गौतम लेटकर सो गया। गुरु भी एक ओर टिक कर सो रहे हैं। जंगल की भयानक आवाज़ें उन्होंने नहीं सुनी। वे माँ-बेटे की तरह निश्चिन्त सो रहे थे)

(पक्षी जाग गये हैं। उनका कलरव शुरू हो गया है। पहाड़ों के बीच से सूरज की किरणें जंगल में फैलने लगी हैं। गुरु ने गौतम को जगाया। दूर देवी के मन्दिर से शंखनाद की ध्वनि, साथ ही देवी स्तुति...। गुरु और शिष्य ने हाथ जोड़ प्रार्थना की)

(उनके आगे बढ़ने पर धीरे-धीरे प्रकाश फैलने लगता है। आगे बढ़ने पर गौतम को एक कोढ़ी दिखता है। उसका विकृत शरीर और लिजलिजे घाव गौतम के मन में घृणा उत्पन्न करते हैं)

गौतम : हटो...दूर हो जाओ।

रोगी : मुझे ये नदी पार करा दोगे?

गौतम : सीधे चले जाओ।

रोगी : मेरा शरीर काँप रहा है। आँखें भी नहीं सूझती। *(गौतम की ओर हाथ उठाते हुए)* मुझे उस पार पहुँचा दो।

गौतम : मेरे पास अवकाश नहीं है। इस रास्ते कोई और आयेगा तो सम्भव है वह तुम्हारी मदद करे।

रोगी : बहुत देर की प्रतीक्षा के बाद कोई मनुष्य आया है। अब कई दिनों बाद ही कोई आयेगा।

गौतम : कहा न, मेरे पास समय नहीं है। मैं एक महान लक्ष्य को पाने के लिए निकला हूँ। मेरे मार्ग की बाधा न बनो।
(गुरु वापस आते हैं)

गुरु : गौतम हम किसलिए निकले हैं?

गौतम : *(संकोच के साथ)* प्रजा की अवस्था से परिचित होने के लिए।

गुरु : यह महारोगी भी तो उन्हीं में से एक है। यदि यह तुम्हें दिखाई नहीं देता तो तुम किसे देखोगे?

गौतम : मैं....

गुरु : इसे नदी पार तो तुम पहुँचा सकते हो?

गौतम : लेकिन उसके शरीर के घाव...

गुरु : ये घाव उसकी आँखों में भी फैल गया है। इसलिए तुम्हारी मदद माँग रहा है। हे! रोगी उस पार जाकर तुम क्या पाना चाहते हो?

रोगी : स्वस्थ होने के लिए देवी से प्रार्थना कर सकूँगा। मेरा रोग चला जायेगा। मेरी आँखों की दृष्टि वापस मिल जायेगी। मैं देख सकूँगा।

गुरु : गौतम तुम क्या कर सकते हो?

गौतम : *(अनिच्छा से)* मैं क्या करूँ?

गुरु : तुम यहीं ठहरो।
(गुरु रोगी के पास जाकर उसका हाथ पकड़ता है। घावों को सहलाता है। उसे अपने से लगाकर चलवाता है। गौतम घृणा से देखता है। गुरु रोगी को उस पार पहुँचाकर वापस आता है। हाथों में ख़ून और मवाद दिखाई पड़ता है)

गौतम : आपके हाथों में उस कोढ़ी का ख़ून और मवाद लगा हुआ है।

गुरु : गौतम तुम उस झरने में जाकर हाथ धोओ। तुम्हारे हाथों के पाप धुल जायेंगे।

(गौतम अनिच्छापूर्वक झरने में हाथ धोकर वापस आता है। गुरु के हाथ साफ़ हो गये हैं, ख़ून और मवाद नहीं रहा)

गौतम : आश्चर्य है मेरे हाथ धोने पर आपके हाथों का ख़ून, मवाद सब स्वच्छ हो गया।

गुरु : तुम्हारा मन शुद्ध हो गया हो तो हम आगे बढ़ें?

गौतम : *(यान्त्रिक होकर)* ठीक है चलिए।

(गौतम आगे नहीं बढ़ रहा है)

गुरु : सिद्धार्थ तुम क्या सोच रहे हो?

गौतम : मवाद भरे फोड़ों से पूरित देह, दर्द से पीड़ित विकृत चेहरा, हा ! रोग कितना भयानक होता है।

गुरु : मरने तक उसे इस पीड़ा के बोझ को ढोना ही होगा ।

गौतम : रोग कैसे होता है?

गुरु : अनजाने पैर पड़ जाने पर डस लेने वाले सर्प की तरह होता है रोग। जंगल में झाड़ियों के बीच से अचानक आक्रमण करने वाले शेर की तरह होता है रोग। कभी रोग बिजली की तलवार बनकर गिरती है जो किसी को मार देता है और किसी को छोड़ देता है।

गौतम : तो...मनुष्य एक क्षण भी बिना भय के नहीं जी सकता है।

गुरु : कल क्या होगा, यह कहा नहीं जा सकता।

गौतम : क्या यह रोग मुझे भी होगा? मेरा शरीर भी इस तरह विकृत हो जायेगा। लोग मुझे देख घृणा से मुँह फेर लेंगे।

गुरु : मुझे प्रसन्नता हुई।

गौतम : मुझे रोग होगा यह जानकर?

गुरु : नहीं! तुममें सत्यान्वेषण के अंकुर फूट पड़े हैं यह जानकर। गौतम तुम अभी तक अपने को पूर्ण रूप से जान नहीं पाये हो। तुम एक नये युग का नांदी पाठ करने

वाले हो। आँखें खुली रखो और हृदय के द्वार खोल दो। *(वे चल पड़ते हैं। गहन जंगलों को पार कर वे एक गाँव पहुँचते हैं। गाँव का संगीत हल्का-हल्का सुनाई पड़ रहा है। कहीं से एक कराह सुनाई पड़ती है। गौतम उस स्वर की ओर चल पड़ता है। एक अति वृद्ध व्यक्ति के पास पहुँचता है। वृद्धावस्था ने उसे विकृत बना दिया है)*

गौतम : आप कौन हैं ? आप क्या चाहते हैं ?
(वृद्ध केवल कराहता है। पानी पीने के लिए इशारा करता है। गौतम चुल्लू बनाकर पानी लाता है और वृद्ध के मुँह में डालता है। अति व्यग्रता से वह पानी पीता है। गौतम उसे सहारा देकर उठाता है)

गौतम : बताइए आपको क्या रोग है ?

वृद्ध : वृद्धावस्था।

गुरु : हाँ गौतम वृद्धावस्था। रोग से भी भयानक और अपरिहार्य।

गौतम : कितनी आयु है ?

वृद्ध : हज़ार...दो हज़ार

गौतम : मैं आपकी क्या सहायता करूँ?

वृद्ध : तुम मेरी सहायता नहीं कर सकते।

गौतम : मैं कपिलवस्तु का युवराज सिद्धार्थ गौतम हूँ। बताइए क्या सहायता करूँ ?

गुरु : गौतम तुम नहीं कर पाओगे।

गौतम : कर पाऊँगा। उन्हें जो भी चाहिए मैं पूरा करूँगा।

गुरु : ठीक है, बताइए सिद्धार्थ आपके लिए क्या करे?

वृद्ध : मेरी वृद्धावस्था मिटा दो।

गौतम : वह कैसे?

गुरु : स्वयं से पूछो।

गौतम : मैंने जिन ग्रन्थों का अध्ययन किया है उनमें कहीं भी वृद्धावस्था हटाने का कोई उपाय नहीं बताया गया है।

गुरु : ग्रन्थों के अलावा भी बहुत कुछ धरती पर घटित होता है जिनका उत्तर खोजना है।

गौतम : वृद्धावस्था...भयानक?

गुरु : इससे भी भयानक दृश्य हमारी प्रतीक्षा कर रहे हैं। आओ हम प्रत्यक्ष देखते हैं।

गौतम : इनका क्या करें?

गुरु : अपूर्ण कामों की सूची में जोड़ लो। आओ।
(दोनों आगे चलते हैं। गाँव को पीछे छोड़ते हुए शहर पहुँचते हैं। थकावट दूर करने के लिए वे छाँव में विश्राम करते हैं। गौतम चिन्ता में डूबा हुआ है। दूर से राम-राम का स्वर सुनाई पड़ता है। गुरु की समझ में बात आ गयी है। एक शव को लेकर कई लोग आ रहे हैं। गौतम चौंककर खड़ा हो)

गौतम : क्या हुआ?

आगत एक : कल रात आराम से सोया था, सुबह मृत पाया गया।

गौतम : क्या रोग था?

आगत दो : कोई रोग नहीं था।

गौतम : *(आश्चर्य से)* फिर।

गुरु : यह मृत्यु है, इसके नियम नहीं होते।

आगत एक : इसकी पत्नी और बच्चों का रोना देखा नहीं जाता।

आगत दो : वृद्ध माता-पिता को छोड़कर मृत्यु ने इसे दबोच लिया।

आगत एक : वह परिवार टूट गया।

आगत दो : दस आदमियों को एक साथ उठा ले, ऐसी शक्ति थी उसमें। हा! उसके शरीर को आग देने की सोचकर...
(आगत शव के साथ चलने लगते हैं)

गौतम : यह शरीर जलकर राख हो जायेगा, न?

गुरु : वे उसकी चिता के चारों कोनों पर आग लगायेंगे।

अग्नि की ज्वाला फैल जायेगी। अग्नि अपनी लपलपाती लाल जीभ से चाट-चाटकर शव को खा जायेगी। त्वचा को छीलकर, हड्डियाँ चटकारते हुए, दुर्गन्धमय धुआँ फैलाते हुए वह ताण्डव करेगी। फिर ज्वालाएँ धीरे-धीरे मद्धम होने लगेंगी। सिर्फ़ एक मुट्ठी राख रह जायेगी।

गौतम : कल तक हँसता-खेलता मनुष्य आज मुट्ठी भर राख है। मृत्यु कितनी भयानक है।

गुरु : कुमार, तुम मृत्यु को क्या पहली बार देख रहे हो?

गौतम : जब मैं एक सप्ताह का था, माँ की मृत्यु हुई। दूसरी मृत्यु देखने का अवसर पिता ने नहीं दिया। आज मैंने मृत्यु को प्रत्यक्ष देखा है। रोग, वृद्धावस्था और मृत्यु को आज मैंने देखा। उन सब का क्या उपाय है, प्रभो।

गुरु : बेटा तुम स्वयं जो उपाय खोजोगे उसके लिए पूरी मानव जाति प्रतीक्षारत है।

गौतम : कोई मार्ग दिखाई नहीं देता। मैं आगे बढ़ नहीं पा रहा हूँ। आगे घना जंगल है। डँसने के लिए फन फैलाये हुए काले नाग...पैरों तले नरक। जलते गन्धक की दुर्गन्ध... मैं देख नहीं पा रहा।

गुरु : *(निराश होकर)* शायद समय नहीं हुआ।

गौतम : मैं थक गया हूँ, मुझे सही मार्ग दिखाइए।

गुरु : नया मार्ग सिद्धार्थ गौतम को स्वयं पाना होगा। मेरा कर्तव्य मात्र तुम्हारी सहायता करना है।

गौतम : फिर सहायता में विलम्ब कैसा?

गुरु : तुम उतावले हो उठे?

गौतम : हाँ अव्यक्तता का यह आवरण हटा दीजिए। रहस्य के वातायन खोल दें।

गुरु : तो आओ।

गौतम : कहाँ?

गुरु : रहस्यों से भरी समुद्र की गहराइयों में...काल सर्पों से भरे घनघोर अन्धकार में...विषलिप्त आकाश की असीमता में...आओ।

(गौतम और गुरु चलते हैं। मंच पर प्रकाश मन्द होता है)

अंक दो

(कनकांगदन का भण्डार गृह। रुद्रसेन और दो सैनिकों का प्रवेश। बन्द द्वार पर रुद्रसेन ज़ोर की दस्तक देता है)

रुद्रसेन : द्वार खोलो! कनकांगदन द्वार खोलो।

पहरेदार : कनकांगदन भीतर नहीं है।

रुद्रसेन : नहीं, द्वार खोलो।

पहरेदार : किसलिए?

रुद्रसेन : कनकांगदन के इस भण्डार गृह को ज़ब्त करने का महाराज का आदेश है।

पहरेदार : यह भण्डार गृह नहीं है।

रुद्रसेन : है, यहाँ अनाज छिपाकर रखा गया है। इसका महाराज को पता चल गया है। इसलिए भण्डार गृह महाराज ज़ब्त कर रहे हैं।

पहरेदार : यहाँ अनाज नहीं है।

रुद्रसेन : तुमसे फिर कह रहा हूँ! द्वार खोलो।

पहरेदार : नहीं खोलूँगा।

रुद्रसेन : तो बलपूर्वक खोला जायेगा। राजा की आज्ञा का पालन होकर रहेगा। प्राणों की रक्षा चाहते हो तो द्वार खोल दो। *(कोई उत्तर नहीं)* धक्का मारकर द्वार खोल दो।

(सैनिक द्वार तोड़ता है। पहरेदार को घसीटकर रुद्रसेन के सामने डाल देता है)

पहरेदार : मुझे मत मारिए...मुझे मत मारिए...

रुद्रसेन : तुम कौन हो?

पहरेदार : पहरेदार हूँ।

रुद्रसेन : कनकांगदन कहाँ है?

पहरेदार : मालूम नहीं।

रुद्रसेन : अन्दर नहीं है?

पहरेदार : नहीं

रुद्रसेन : सत्य बोलो।

पहरेदार : महाराज की सौगन्ध वे अन्दर नहीं हैं।

रुद्रसेन : *(सैनिकों से)* पूरा भण्डार गृह छान डालो। कनकांगदन को खोज निकालो।

(सैनिक अन्दर जाते हैं)

रुद्रसेन : अन्दर अनाज नहीं है?

(मौन)

(पहरेदार के गले को दबोचते हुए) सत्य कहो नहीं तो मार डालूँगा। बोल अनाज नहीं है?

पहरेदार : है....है...

रुद्रसेन : कितना?

पहरेदार : जितना तौला न जा सके, जहाँ तक दृष्टि न पहुँचे।

रुद्रसेन : गेहूँ और चावल है?

पहरेदार : हाँ और ज्वार भी।

रुद्रसेन : राज्य में उत्पादित अनाज का अधिकांश भाग यहाँ छिपाकर रखा गया है। राजा समझ गये हैं कि इसे ज़ब्त किये बिना आने वाले महीनों में प्रजा के भोजन की व्यवस्था नहीं हो पायेगी। महाराज भण्डार गृह अपने अधिकार में ले रहे हैं। इसका परिणाम क्या होगा जानते हो?

पहरेदार : नहीं।

रुद्रसेन : देश में अनाज की कमी समाप्त हो जायेगी। प्रजा के सारे कष्ट दूर हो जायेंगे। कनकांगदन कैद कर लिया जायेगा।

(एक सैनिक का प्रवेश)

सैनिक : महाराज की जय हो।

रुद्रसेन : विजयी हो।

(सैनिक एक सन्देश रुद्रसेन के हाथों में देता है। उसे पढ़ने के बाद उसके मुख पर प्रसन्नता छा जाती है)

सैनिक : मालूम होता है कोई शुभ वार्ता है।

रुद्रसेन : हाँ शुभ वार्ता ही है। मेरी योग्यताओं के आधार पर महाराज मुझे प्रधानमन्त्री बनाना चाहते हैं। जल्द ही राजधानी पहुँचने की आज्ञा है।

सैनिक : यह पदोन्नति का पहला क़दम है। चक्रवर्ती पद की पहली सीढ़ी।

रुद्रसेन : *(क्रोधित होकर)* क्या कहा?

सैनिक : क्षमा करें।

रुद्रसेन : तुम्हें ज्ञात है तुम महाराज के विरुद्ध बोल रहे हो?

सैनिक : हो सकता है पर आपके विरुद्ध नहीं।

रुद्रसेन : महाराज का विरोधी मेरा भी विरोधी है।

सैनिक : मैंने तो सिर्फ़ इतना ही कहा है कि सौभाग्य आपकी प्रतीक्षा कर रहा है।

रुद्रसेन : तुम यह शुभ वार्ता लाये हो इस कारण तुम्हें छोड़ रहा हूँ। हुं...जाओ।

सैनिक : अगर आप क्रोधित न हों तो इससे भी अधिक प्रसन्नता प्रदान करने वाली वार्ता आपको सुनाता हूँ।

रुद्रसेन : इससे भी अधिक प्रसन्नता प्रदान करने वाली कोई वार्ता नहीं हो सकती।

सैनिक : ऐसा मत कहिए। मेरे सन्देश के विषय में आप नहीं जानते हैं।

रुद्रसेन : ठीक है तो कहो क्या सन्देश है?

सैनिक : कौसलाधिपति की ओर से एक उपहार।

रुद्रसेन : स्पष्ट करो।

सैनिक : किसी और के कानों में नहीं पहुँचना चाहिए।

(रुद्रसेन सैनिक को देखता है। स्थिति को समझकर सैनिक अन्दर चला जाता है)

सैनिक : कौसलाधिपति यह जानते हैं कि आप प्रधानमन्त्री बनने जा रहे हैं।

रुद्रसेन : वह कैसे? स्वयं मुझे अभी ज्ञात हुआ।

सैनिक : गुप्तचरों ने बतलाया है।

रुद्रसेन : ठीक है, तो...

सैनिक : प्रधानमन्त्री बनते ही अविलम्ब महाराज को गद्दी से हटाकर राज्याधिकार...

रुद्रसेन : रुद्रसेन प्राप्त करेगा यही...न...?

सैनिक : इसके लिए सारी सहायता कोसलन देंगे।

रुद्रसेन : बदले में क्या देना होगा?

सैनिक : विराटपुरी, शूलग्राम प्रान्त कोसलन को देना होगा।

रुद्रसेन : इस साम्राज्य के सबसे समृद्ध दो प्रदेश...एक में अपरिमित अनाज होता है और दूसरे में है सोने की खान।

सैनिक : यह तो चक्रवर्ती बनने का मूल्य है।

रुद्रसेन : मैं इस विस्तृत और समृद्धिशालिनी साम्राज्य का अधिपति।

सैनिक : सोच-समझकर क़दम रखना होगा। कोसलन के निर्देश मैं समय-समय पर आपके पास पहुँचाता रहूँगा।

रुद्रसेन : तुम्हारे इस महान उपकार के बदले में तुम्हें क्या दूँ? चक्रवर्ती बनते ही तुम जो माँगोगे वह दूँगा।

सैनिक : चक्रवर्ती बनने से पूर्व मुझे आपकी सहायता चाहिए।

रुद्रसेन : बोलो, जो चाहोगे वह दूँगा।

सैनिक : आप यहाँ महाराज के लिए भण्डार गृह जब्त करने आये हैं न ?

रुद्रसेन : हाँ, सैनिक कनकांगदन को ढूँढ़ रहे हैं।

सैनिक : कनकांगदन मेरा साला है।

रुद्रसेन : ओह! तो...

सैनिक : उसे ढूँढ़ने का प्रयास न करें।

रुद्रसेन : किन्तु...

सैनिक : भण्डार गृह को भी अधिकार में न लें।

रुद्रसेन : यह महाराज की आज्ञा है।

सैनिक : महाराज को यह बतलाया जाये कि तलाशी ली किन्तु अनाज नहीं मिला।

रुद्रसेन : किन्तु...महाराज...

सैनिक : आपके अनदेखा करने से कनकांगदन को करोड़ों का माल प्राप्त होगा। वह आपके काम भी आयेगा।

रुद्रसेन : यह तो ठीक है किन्तु महाराज का...

सैनिक : कौन सा महाराज...अब तो महाराज आप हैं।

(सैनिक ज़ोर से हँसता है। रुद्रसेन रहस्य–भरी हँसी हँसता है। पहरेदार बाहर चला जाता है।)

रुद्रसेन : पहरेदार! ए पहरेदार!

(पहरेदार भयभीत हो आता है)

यह कनकांगदन का भण्डार गृह है?

पहरेदार : *(भय से)* जी हाँ।

रुद्रसेन : यहाँ अनाज है?

पहरेदार : है।

रुद्रसेन : नहीं। यहाँ अनाज का एक भी दाना नहीं है।

पहरेदार : *(सन्देहपूर्वक)* आप क्या कहना चाहते हैं?

रुद्रसेन : यहाँ अनाज नहीं है। है क्या?

पहरेदार : *(बात को सझते हुए)* नहीं।

रुद्रसेन : किसी ने अनाज होने का झूठा समाचार महाराज को दिया है।

पहरेदार : हाँ यही ठीक है।

रुद्रसेन : फिर उस बोरे में क्या है?

पहरेदार : *(संकोच के साथ)* चावल और गेहूँ।

रुद्रसेन : नहीं, उसमें कपास है।

जी, कपास है

(पहरेदार के कन्धों को थपथपाते हुए) न तुम्हारी आँखें हैं न कान, समझे।

पहरेदार : समझ गया।

रुद्रसेन : ठीक है जाओ।

(पहरेदार जाता है। रुद्रसेन ताली बजाकर सैनिक को बुलाते हैं। वे आते हैं।)

रुद्रसेन : चलें?

(सैनिक असमंजस में है)

आओ बतलाता हूँ।

(रुद्रसेन और सैनिक बाहर जाते हैं। दूसरी ओर से गौतम और गुरु आते हैं)

गुरु : तुमने अभी यहाँ क्या देखा राजकुमार?

गौतम : अधिकार के लिए परस्पर टाँग खींचना, रिश्वतखोरी, भ्रष्टाचार, गोदाम भरना।

गुरु : तुम्हें क्या लगता है?

गौतम : राजा को शीघ्र सूचित करना चाहिए। रुद्रसेन के षड्यन्त्र को तोड़ना है।

गुरु : यहाँ चारों ओर कई रुद्रसेन हैं। सिर्फ़ एक रुद्रसेन को नष्ट करने का क्या प्रयोजन?

गौतम : फिर क्या करना होगा?

गुरु : अभी समय नहीं हुआ। हमने जिस भ्रष्टाचार, रिश्वतखोरी आदि को देखा वह समाज की बीमारी के लक्षण हैं। वन में जो कोढ़ी मिला था उसके रोग के विषय में नहीं अपितु इस रोग के प्रति तुम्हें व्याकुल होना चाहिए। इसका कारण और हल ढूँढ़ निकालना होगा।

गौतम : गाँव में वह वृद्ध व्यक्ति और शहर में वह मृत्यु मुझे व्याकुल कर रहे हैं।

गुरु : वृद्धावस्था वह तुमने नहीं देखी है, आओ मैं दिखाता हूँ। *(गुरु और गौतम बाहर की ओर जाते हैं। प्रकाश मन्द होता है)*

अंक तीन

(एक साधारण से व्यक्ति चारुदत्त का घर। चारुदत्त अतिथि के स्वागत की तैयारी में लगा है।)

चारुदत्त : सूर्ये, भोजन की तैयारी हो गयी?

सूर्यकला : *(अन्दर से)* हो गयी।

चारुदत्त : तुम शीघ्र वस्त्र बदल लो, उनके आने का समय हो गया।

सूर्यकला : *(बाहर आती है)* मैं तैयार हो गयी।

चारुदत्त : तुम कितनी सुन्दर लग रही हो।

सूर्यकला : आप ही ने तो कहा था कि सबसे अच्छे वस्त्र पहनकर अतिथि का स्वागत करना चाहिए।

चारुदत्त : देवदत्त राजकुमार हैं। उनका स्नेह और सौहाद्रय प्राप्त होना इतना सरल नहीं है।

सूर्यकला : बड़े लोगों का सौहार्द हमें किसलिए चाहिए?

चारुदत्त : हमारा कभी कुछ बुरा नहीं होगा। मैंने उनके महल में कितनी बार भोजन किया है। इसकी तो उन्होंने स्वयं माँग की थी। ऐसा अवसर प्राप्त होने पर उसे नष्ट कर देना क्या उचित होगा?

सूर्यकला : मेरा एकमात्र स्वर्णाभूषण आज बिका है।

चारुदत्त : तुमने शास्त्र नहीं पढ़ा? अतिथि के सत्कार हेतु अपना सब कुछ समर्पित करना ही नीति है।

सूर्यकला : भविष्य में बच्चों के लिए कोई आवश्यकता हो तो हम क्या करेंगे?

चारुदत्त : हम राजकुमार से सहायता माँग लेंगे। इस समय तुम व्यर्थ की बातें न सोचो। मुक्त हृदय से अतिथि का स्वागत करो। कितने लोग मेरी मित्रता से ईर्ष्या करते हैं। लगता है वे आ गये।

(दोनों द्वार की ओर भागते हैं। राजकुमार देवदत्त आते हैं। चारुदत्त और सूर्या आदर और प्रेम से उनका स्वागत करते हैं)

देवदत्त : मुझे विलम्ब तो नहीं हुआ?

चारुदत्त : नहीं नहीं। और कोई नहीं आया?

देवदत्त : यह तो दो मित्रों का मिलाप है, इसमें मित्र ही भाग ले सकते हैं।

चारुदत्त : आइए, भोजन करते हैं।

देवदत्त : मैं तो भोजन करके आया हूँ।

चारुदत्त : ऐसा न कहें। हम आपके लिए भोजन तैयार कर प्रतीक्षा कर रहे थे।

देवदत्त : मित्र कोई उपाय नहीं, मैं चित्रांगदन के घर से पेट भर खा आया हूँ। अब मैं भोजन न कर पाऊँगा।

चारुदत्त : शायद हम निर्धनों के घर से आप भोजन नहीं करेंगे।

देवदत्त : ऐसा नहीं है। पेट में ज़रा भी स्थान नहीं है।

सूर्यकला : तो थोड़ा-सा दूध पी लीजिए।

देवदत्त : ठीक है।

(सूर्या अन्दर जाती है। देवदत्त निष्कलंक भाव से उसे जाते हुए देखता है)

देवदत्त : तुम्हारी पत्नी तो बहुत सुन्दर है चारुदत्त।

चारुदत्त : उसके रूप से भी सुन्दर उसका हृदय है।

देवदत्त : अच्छी लड़की है। मुझे पसन्द आयी।

चारुदत्त : यह हमारा सौभाग्य।

(सूर्या चषक में दूध लिए आती है। चषक देवदत्त की ओर बढ़ाती है। चषक लेते हुए देवदत्त सायास सूर्या के हाथों को स्पर्श करता है। सूर्या भय से उसे देखती है। देवदत्त के मुख पर शृंगारी चेष्टाएँ)

देवदत्त : तुम्हें पता है तुम्हारा पति कैसे मेरा आत्म मित्र बना?

सूर्यकला : *(मौन)*

देवदत्त : वीर मुझे प्रिय हैं और वीरता के कर्म भी। एक दिन वन में शिकार करते समय एक शेर मुझ पर झपटा। अंगरक्षक भयभीत हो भाग गये। उस समय तुम्हारा पति वहाँ कोई औषधि खोजने आया था। वह शेर से भिड़ गया और एक ही वार में उसे गिरा दिया। चारुदत्त की वीरता और बल देखकर मैंने उसे अपना आत्म मित्र बना लिया। हम लोगों के नाम ही देख लो...देवदत्त और चारुदत्त।

चारुदत्त : आपने भोजन नहीं किया। यह ठीक नहीं है। इसका मुझे दुःख रहेगा।

देवदत्त : तुम्हारी शिकायत दूर करके ही मैं आज जाऊँगा।

सूर्यकला : आपने दूध नहीं पिया।

(देवदत्त एक घूँट दूध पीता है)

देवदत्त : दूध में ज़रा भी स्वाद नहीं है। चारुदत्त, मुझे थोड़ी-सी मदिरा दो।

चारुदत्त : नहीं, आपने आवश्यकता से अधिक पी रखी है।

देवदत्त : ए...ऐसा कुछ नहीं है। मुझे थोड़ी और मदिरा चाहिए। चारुदत्त जाओ मदिरा खरीदकर लाओ। मैं अल्प समय के लिए विश्राम करता हूँ।

सूर्यकला : नहीं आज अब मत पीजिए।

देवदत्त : अतिथि सत्कार ऐसा होता है? चारुदत्त जाओ।

सूर्यकला : आप न जायें, मुझे छोड़कर न जाइए।

देवदत्त : तुम्हारे पास मैं हूँ। चारुदत्त क्या सोच रहे हो?

चारुदत्त : लगता है आप मेरे आत्म मित्र नहीं।

देवदत्त : हूँ...मैं चारुदत्त का आत्म मित्र हूँ।

चारुदत्त : तो...

देवदत्त : तो...?

चारुदत्त : कुछ नहीं।

देवदत्त : जो कहना शुरू किया है पूरा करो।

चारुदत्त : मदिरा ने आपका सन्तुलन नष्ट कर दिया है।

देवदत्त : इस देवदत्त का, नहीं मित्र।

चारुदत्त : मेरी पत्नी आपकी बहन तुल्य है।

देवदत्त : मित्र चारुदत्त की पत्नी को मैं एक मित्र की तरह ही देखता हूँ। ठीक है, मुझे मदिरा नहीं चाहिए। मैं थोड़ा विश्राम करूँगा। आओ सूर्यकले।

सूर्यकला : *(भयभीत हो)* मैं नहीं आऊँगी।

देवदत्त : तुम आओगी।

(देवदत्त सूर्यकला का हाथ पकड़ने का प्रयास करता है)

सूर्यकला : *(हटकर)* मुझे मत स्पर्श करना मैं पतिव्रता हूँ।

देवदत्त : तुम्हारे आँखें तरेरने से पीछे हटने वाला नहीं है देवदत्त। हुं... जाओ रथ में चढ़ो।

(सूर्यकला चारुदत्त के पीछे शरण लेती है)

देवदत्त : बलप्रयोग के बिना तुम नहीं आओगी?

सूर्यकला : *(चारुदत्त से)* मुझे बचाओ। इस दुष्ट को रोको।

देवदत्त : मूर्ख वह मेरा मित्र है।

(देवदत्त सूर्यकला की प्रार्थना अनसुनी कर घसीटता हुआ उसे बाहर ले जाता है। चारुदत्त निर्विकार भाव से खड़ा रहता है। दूर जाते हुए रथ का स्वर.... । दूसरी ओर

से गुरु और गौतम का प्रवेश। गुरु की आँखों में देखते ही चारुदत्त अपने दर्द को रोक नहीं पाता है और फूट पड़ता है। गुरु धीरे-धीरे चारुदत्त की ओर चलते हैं। अचानक उसकी गाल पर ज़ोर से तमाचा मारते हैं।)

गौतम : आपने यह क्या किया?

गुरु : सम्पूर्ण माया-मोह से मुक्त होने पर भी मुझसे यह सहा नहीं गया।

गौतम : सही है किन्तु सजा तो देवदत्त को प्राप्त होनी चाहिए।

गुरु : नहीं, आँखों के सामने होते अत्याचार को अनदेखा करने वाला अधम है। सिंह अकेले मार गिराने वाला यह चारुदत्त अपनी पत्नी की मर्यादा भंग होते हुए मूर्ख की तरह देखता रहा। वृद्धावस्था की स्थिति से तुम दुखी थे। तो देखो यह है वृद्धावस्था। अनीति और आक्रमण के विरुद्ध स्वर उठाये बिना या मुट्‌ठी भींचे बिना निष्क्रिय बने रहने की यह अवस्था वृद्धावस्था है। एक अत्यन्त वृद्ध व्यक्ति के लिए तुम व्याकुल थे। तुम्हें इस अकर्मण्यता के बारे में सोचना होगा। इसका समाधान खोजना होगा।

गौतम : मुझे समझ में आ रहा है किन्तु मृत्यु...वह अभी भी रहस्य है।

गुरु : मृत्यु! तुम्हें वह भी देखना होगा। तभी तुम्हारा ज्ञान पूर्ण होगा। उसके बाद ही तुम्हें अपना कर्म प्रारम्भ करना होगा... आओ। अविश्वसनीय मृत्यु को सामने देखो। *(गुरु और गौतम दूर जाते हैं...प्रकाश मद्धम होता है)*

अंक चार

(राजधानी के पास का एक गाँव। वहाँ कई कृषक झुण्ड बना कर खड़े हैं। उनके नेता जैसे प्रतीत होने वाला संघमित्र खड़ा है। अन्य सभी भयभीत हैं जैसे किसी विपत्तिजनक वार्ता को सुन लिया हो)

कृषक एक : मुझे डर लग रहा है।

संघमित्र : डरने की क्या बात है? हम धरती पर काम करने वाले हैं। काम किये बिना जी नहीं सकते। फिर काम करने के लिए मर जायें तो क्या बुराई है?

कृषक दो : राजा से प्रतिद्वन्द्विता मोल ले रहे हो।

संघमित्र : नहीं। राजा के जन विरोधी व्यवस्था के विरुद्ध। युगों से हम इस नदी के पानी से ही खेती करते आये हैं। उस नदी पर बाँध बनाकर राजा अपने लोगों को पानी पहुँचा रहा है। हमने बहुत गिड़गिड़ाया कि आधा पानी हमें दे दें। लेकिन प्रजाहितकांक्षी राजा ने हमसे कहा कि वर्षा ऋतु तक प्रतीक्षा करें। इसलिए अब हमारे सामने एक ही मार्ग है। संघर्ष करते हुए मर जायें।

कृषक तीन : राजा के विरुद्ध विद्रोह करने की बात कह रहे हो?

संघमित्र : नहीं! नदी के पानी को हमारे खेतों तक पहुँचाने की बात।

कृषक एक : यह कैसे सम्भव हो सकता है? बाँध जो है।

संघमित्र : उसे तोड़ने होगा।

(सुनने वाले चौंक जाते हैं)

संघमित्र : उस बाँध के टूटने से देश को कोई नुकसान नहीं होगा। हाँ, एक बड़े विभाग के किसानों को खेती करने के लिए पानी मिल जायेगा।

कृषक चार : यह देशद्रोह का अपराध होगा।

संघमित्र : प्रजा की रक्षा के लिए किया गया यह कार्य कैसे राजद्रोह हो सकता है ?

कृषक तीन : संघमित्र की बातों में भी सार है। हमें भी जीना है।

संघमित्र : अगर हम एकजुट होकर रहते हैं तो राजा को भी हमारे सामने झुकना पड़ेगा।

(एक कृषक वसन्तसेन का प्रवेश)

वसन्तसेन : संघमित्र तुम्हें राजा के समक्ष उपस्थित होने का आदेश है।

कृषक एक : राजा को कुछ सन्देह तो नहीं गया ?

कृषक दो : नहीं, यह नहीं हो सकता। हमने तो अत्यन्त रहस्यपूर्वक चर्चाएँ की थीं।

संघमित्र : जो भी हो, मैं जाकर आता हूँ। तब तक तुम्हें यहाँ मेरी प्रतीक्षा करनी होगी। वसन्तसेन, हमारे परम लक्ष्य के बारे में मैंने इन लोगों को बताना प्रारम्भ किया था। ज़रा विस्तार से उसे समझा दो। *(कृषकों से)* मैं आप लोगों से एक ही बात कहना चाहता हूँ, आने वाली धमकियों के सामने हमें एकजुट होकर संघर्ष करना है।

(संघमित्र जाता है)

कृषक एक : इस सब की आवश्यकता नहीं थी।

कृषक चार : राजा ने संघमित्र को बुलवाया है। यही बड़ी बात है।

कृषक एक : राजा सर्वशक्तिमान और सर्वसंहारक है।

वसन्तसेन : यह तो ईश्वर के लक्षण हैं राजा के नहीं।

कृषक एक : दोनों एक ही हैं।

कृषक तीन : परम लक्ष्य क्या है, जिसकी बात संघमित्र कह रहे थे।

वसन्तसेन : प्राचीन काल में शासन करने वाला प्रजा की रक्षा एवं समृद्धि में रुचि लेता था। सभी प्रधान विषयों पर प्रजा की राय ली जाती थी। वह स्थिति पुनः स्थापित होगी। यही संघमित्र कह रहा है।

कृषक दो : क्या यह सम्भव है? प्राचीन समय क्या वापस आ सकता है?

वसन्तसेन : प्राचीन नहीं नवीन समय आना चाहिए। मैं एक बात पूछूँ हमारा देश इतना सम्पन्न कैसे बना?

कृषक एक : समृद्ध-सम्पन्न होने के ही कारण।

वसन्तसेन : नहीं, देश की समृद्धि का आधार भूमि में काम करने वाले लोग हैं। उनके परिश्रम से खेतों में फसल उगती है। अन्य वस्तुओं का उत्पादन होता है। अत: हमें भी शासन में अधिकार प्राप्त होना चाहिए। इसी परम लक्ष्य के बारे में संघमित्र ने कहा है।

(कृषक ज़ोर से हँसते हैं जैसे कोई मज़ाक की बात कह दी हो)

तुम लोग क्यों हँस रहे हो?

कृषक चार : तुम्हारी बातें सुनकर।

कृषक एक : वसन्तसेन, क्यों असम्भव बातें कह रहे हो?

कृषक तीन : मिट्टी में काम करने वाले हम कैसे शासन चला सकते हैं?

वसन्तसेन : आज यह स्वप्न है किन्तु कल यह यथार्थ होगा। संघमित्र के साथ दृढ़ होकर रहना है।

कृषक दो : हमारे साथ लोग कम हैं।

वसन्तसेन : यह सही है। लेकिन हमारे साथ अधिक लोगों को होना

चाहिए। हम सभी को अपने-अपने सम्बन्धियों और मित्रों को यह बताना होगा। उन्हें हमारे पक्ष में सहमत भी करना होगा।

कृषक चार : तब हमारे सारे कष्ट समाप्त हो जायेंगे।

वसन्तसेन : हमारे खेत तब हमारे हो जायेंगे।

कृषक तीन : हम सब संघमित्र का दृढ़तापूर्वक साथ देंगे।

कृषक एक : संघमित्र के लिए हम मरने के लिए तैयार हैं।

सभी : हम मरने के लिए तैयार हैं।

(दूर से एक रथ का स्वर सुनाई पड़ता है। लोग व्याकुल हो रहे हैं)

कृषक एक : शायद राजा की सेना आ रही है। हमें भाग जाना चाहिए।

वसन्तसेन : *(रोकते हुए)* नहीं हम मरने के लिये तैयार हैं।

(कृषक अपना सब कुछ लुटाने के लिए तैयार दिखते हैं। संघमित्र का प्रवेश। कृषक उसे चारों ओर से घेर लेते हैं।)

कृषक एक : राजा ने क्या कहा?

संघमित्र : मुझे रथ में यहाँ छोड़ने की व्यवस्था की।

कृषक दो : नहीं, पानी का क्या हुआ?

संघमित्र : हमारी माँग उचित है, यह राजा ने स्वीकार कर ली।

कृषक चार : तब हमें पानी मिलेगा।

संघमित्र : शीघ्र नहीं। पानी मिलने की सारी व्यवस्था करेंगे। एक नयी नदी सिर्फ़ हमारे लिए निर्मित करने का निश्चय है।

वसन्तसेन : तब तो पानी मिलने से रहा।

संघमित्र : मिलेगा, थोड़ी और प्रतीक्षा करने के लिए राजा ने कहा है। हमारे देश पर विदेशी आक्रमण का ख़तरा है। इस स्थिति में राजा के विरुद्ध कुछ करना ग़लत है। ख़तरा टल जाने पर हम सभी मिलकर इस पर सोच सकते हैं।

वसन्तसेन : तब तक नदी सूखी पड़ी रहेगी?

संघमित्र : *(वसन्तसेन की ओर जाकर उसे मनाने की कोशिश करते हुए)* हमने इतनी प्रतीक्षा कर ली है। क्यों न थोड़ी और कर लें।

(कन्धे पर रखा हुआ संघमित्र का हाथ वसन्तसेन झटक देता है)

संघमित्र : ठीक है हमें जाना चाहिए।

(निराश कृषक वापस जाने लगते हैं)

संघमित्र : मैं एक व्यक्तिगत बात तुम लोगों से कहना चाहता हूँ। आगामी वैशाख की पूर्णिमा के दिन मेरा और राजकुमारी सुनन्दा का विवाह है। आप सभी को विवाह में सम्मिलित होने के लिए आमन्त्रित करता हूँ।

(संघमित्र बाहर की ओर जाता है। यह देखते हुए एक-एक कृषक गिर रहे हैं। उनके बीच में अधमरा सा वसन्तसेन। गुरु और गौतम का प्रवेश)

गुरु : देखो। इस मृत्यु को आँखें खोलकर देखो।

गौतम : सामूहिक मृत्यु।

गुरु : यह स्वप्न की मौत है। आशाओं की मौत है, इसतरह सिद्धान्तों और आदर्शों की मौत है।

वसन्तसेन : नहीं।

गौतम : तुम मरे नहीं?

वसन्तसेन : नहीं मैं अमर हूँ। मेरी मृत्यु नहीं हो सकती। मैं जिन सिद्धान्तों और आदर्शों को मानता हूँ, उनकी मृत्यु नहीं होती।

गुरु : यहाँ की इस सामूहिक मृत्यु में...

वसन्तसेन : यह सामूहिक मृत्यु नहीं है, सामूहिक हत्या है। यह आशाओं की मृत्यु नहीं; स्वार्थ का जलजला है।

गुरु : घोर अन्धकार में एक रजत रेखा...वसन्तसेन तुम क्या

कर सकते हो? देखता हूँ।

(वसन्तसेन हाथ उठाने की चेष्टा करते हुए थककर गिर जाता है)

वसन्तसेन : मैं थक गया हूँ।

गुरु : तो गौतम काल की सीपी में अभूतपूर्व मुहूर्त। तुम्हें अनुभवों के बोधिवृक्ष के नीचे तपस्या करते हुए बहुत समय बीत चुके हैं। तुम क्या कर सकते हो, देखता हूँ।

(गौतम ध्यानमग्न हो आँखें बन्द किये रहता है। आँख के खुलते ही हज़ारों घंटियाँ बज उठती हैं। पूरे संसार पर दृष्टि-पात करता है जैसे सृष्टि का रहस्य ज्ञात हो गया हो। एक क्षण के लिए उसकी दृष्टि वसन्तसेन पर टिकती है। धीरे से समीप जाकर उसकी ओर हाथ बढ़ाते हैं। गौतम का सामीप्य वसन्तसेन में एक नया उन्मेष भर देता है। आशा के साथ गौतम की ओर देखते हुए वह उठ खड़ा होता है)

गौतम : एक नया संसार।

वसन्तसेन : बनेगा क्या?

गौतम : बनाना होगा। समत्वपूर्ण सुन्दर लोक।

वसन्तसेन : *(आवेश के साथ)* हाँ...

गौतम : स्नेह का महाप्रवाहमय एक संसार।

वसन्तसेन : हाँ।

गौतम : रोग, वृद्धावस्था और मृत्यु से मुक्त आदर्श संसार।

वसन्तसेन : इस संसार की सृष्टि कौन करेगा?

गौतम : *(मरे हुए लोगों की ओर संकेत करते हुए)* ये लोग।

वसन्तसेन : मृत लोग?

गौतम : ये सोये हुए लोग हैं।

वसन्तसेन : नये संसार का निर्माण कैसे करेंगे?

(गौतम सोचने लगते हैं)

गौतम : नये संसार का निर्माण कैसे करेंगे?

(आठों दिशाओं से यह प्रश्न गूँज उठता है। फिर शान्ति।)

गौतम : *(सभी से)* आइए! *(गौतम मंच के बीच में और अन्य लोग मंच में फैले हुए हैं। धीरे-धीरे मंच से उतरकर दर्शकों में विलीन हो जाते हैं)*

(पर्दा गिरता है)

डॉ. हेना

सेवानिवृत्त प्राचार्य (आचार्य)
के.बी.एम. सरकारी कॉलेज
तलश्शेरी, चोक्ली
9446353031

'उत्सव'
लक्ष्मी गैस एजेंसी के पास,
कवुंभगम पीओ,
तलश्शेरी–670649,
कन्नूर, केरल

Dr. HENA

Retired PRINCIPAL(PROFESSOR)
KBM GOVT. COLLEGE
THALASSERY, CHOKLI
KANNUR, KERALA

'UTSAV'
NEAR LAXMI GAS AGENCY,
KAVUMBHAGAM PO,
THALASSERY-670649
KANNUR, KERALA